N
W
O
S

albarello

Julia Volmert – Pia Eisenbarth

Mein Schatz. Nein, meiner!

oder Wie man gerecht teilt

Das Piratenschiff segelt durch die südliche See.
„Flaschenpost backbord voraus!", brüllt der lange Hein vom Ausguck hinunter.
„Flaschenpost? Wo? Wir sehen nichts!", rufen die anderen Piraten und rennen nach backbord.
„Zehnte Welle von links!"
„Feuer hin!", brüllt der Kapitän.
Bumm! Jimmy Kanone hat das große Geschütz abgefeuert.
„Schafskopf! Ich meinte doch: Steuer hin!", ruft der Kapitän Kaperkalle ärgerlich.
Der Käpt'n findet manchmal nicht die richtigen Worte, aber seine Mannschaft kennt das schon. Sie mögen ihn trotzdem, denn er ist ein sturmerprobter Seebär.
Aber manchmal werden sie aus seinen Befehlen einfach nicht schlau.
Doch nun steuert Steuermann John ganz nah an die Flasche heran, die auf den Wellen tanzt.
Der Kapitän fischt die Flasche aus dem Wasser.
Er öffnet sie und schüttelt ein zusammengerolltes Pergament heraus.

„Da steht ja nichts drauf!", ruft Kaperkalle ungeduldig und will die Flasche samt Pergament wieder ins Wasser werfen.
„Halt, Kapitän!", sagt der kluge Malte. „Bestimmt ist der Brief mit geheimer Tinte geschrieben, damit ihn nicht jeder Schafskopf lesen kann."
„Äh, natürlich, du hast Recht. Das mit der Geheimtinte, das wollte ich auch gerade sagen", nickt der Kapitän und wirft Malte das Pergament zu.
Malte denkt eine Weile angestrengt nach. Dann zündet er eine Kerze an und hält das Pergament darüber, gerade so, dass das Pergament heiß wird, aber nicht anfängt zu brennen. Bald wird eine Schatzkarte mit einer Insel sichtbar.
„Hurra, eine Schatzkarte!", jubeln alle Piraten. „Und hier, hier vor der Insel ist im Meer ein versunkenes Schiff mit einer Schatztruhe eingezeichnet!"
„Wir segeln zur Schatzinsel!", ruft der Kapitän. „Sofort alle Flegel setzen!"
Die Mannschaft schaut sich erstaunt an, macht aber, was der Kapitän verlangt, und alle setzen sich.
Nun bemerkt der Kapitän, dass er wohl wieder etwas Falsches gesagt hat. „Ich meinte natürlich: Sofort alle Segel setzen!"
Da springen alle erleichtert auf und rufen: „Hurra, wir segeln zum Schatz!" und setzen die Segel.

Bald haben sie die Schatzinsel gefunden.
Aber das Meer ist hier voller gefährlicher Klippen, an denen auch das Schiff mit dem Schatz vor vielen Jahren zerschellt ist.
„Wenn wir zu dem Schiffswrack wollen, muss der Steuermann ungeheuer gut steuern, sonst gehen wir alle unter", sagt der lange Hein, der vom Ausguck die Felsen am besten sehen kann. „Sollen wir das wagen?"
Steuermann John guckt sich alles genau an, überlegt und sagt dann:
„Das kann ich schaffen. Ich bringe unser Schiff heil durch die Klippen!"
„Dann los!", brüllt Käpt'n Kaperkalle.
Und Steuermann John steuert sicher zwischen den gefährlichen Felsen hindurch, bis sie genau über dem versunkenen Schiffswrack sind und den Anker werfen.

„Käpt'n, wenn ich mich nicht täusche, schwimmen hier mindestens zehn Haie herum", meldet der lange Hein vom Ausguck.
„Dann geh ich nicht ins Wasser", flüstert Malte.
„Ich auch nicht!", sagt da fast jeder aus der Mannschaft.
„Ihr Schissbuxen", schreit Kapitän Kaperkalle ärgerlich, aber natürlich traut er sich selber auch nicht ins Wasser.
Da hat Jimmy Kanone eine tolle Idee. Jimmy ist der schnellste Ruderer auf allen Meeren und keiner kann ihm das Wasser reichen.
Er holt einen Schinken aus der Kombüse, bindet ihn an ein langes Seil und steigt in das kleine Ruderboot.
Er rudert los, so schnell er kann, und zieht den Schinken an dem Seil hinter sich her.
Und die Haie?
Die schwimmen natürlich hinter dem Schinken her!
Jimmy hat die Haie bald weit hinaus aufs Meer gelockt, weg vom Schatz, sodass die anderen nun gefahrlos tauchen können.

Unten im klaren, blauen Wasser liegt das Schiffswrack auf der Seite.
„Die tückischen Biester sind weg! Aber wo ist der Schatz?", fragt der Käpt'n.
„Der Schatz ist in der Kapitänskajüte. Das Schiff liegt genau auf der Seite, wo sich die Tür befindet. Leider kommen wir nicht in die Kajüte hinein", stellt der kluge Malte fest.
Alle sehen etwas ratlos zu dem Schiff hinunter.
„Das haben wir gleich", ruft die rote Hanne fröhlich. Sie holt tief Luft, springt ins Wasser und taucht.
Die rote Hanne ist die stärkste Piratin an Bord. Sie kann sogar den Käpt'n im Armdrücken besiegen. Das schafft sonst keiner, nicht einmal der lange Hein.
Gespannt beobachten die Piraten, wie Hanne untertaucht.
Sie hält sich mit der einen Hand an dem zerbrochenen Mast fest und mit der anderen Hand schwingt sie eine Axt. Mit gewaltigen Hieben schlägt sie auf die morschen Deckplanken über der Kapitänskajüte ein.
Endlich hat sie ein Loch geschlagen. Vor lauter Luftanhalten ist ihr Gesicht so rot wie ihre Haare geworden.
Aber das Loch ist zu klein. Die rote Hanne ist nicht nur stark, sondern auch dick. Sie passt nicht hinein.

„Du musst die Mücke - äh - die Lücke größer machen,
da passt ja keiner von uns durch!", schimpft Kaperkalle.
Aber die rote Hanne schnappt nur nach Luft.
Sie ist nicht daran gewöhnt, so lange die Luft anzuhalten.
„Vielleicht kann ich es schaffen!" Die kleine Lizzy nimmt sich ein langes Tau
und taucht hinunter. Sie ist die Kleinste und Dünnste auf dem Piratenschiff.
Tatsächlich! Die kleine Lizzy muss ein bisschen den Bauch einziehen,
aber dann kann sie in die Kapitänskajüte hineintauchen.
Die Schatztruhe sieht sie gleich.
Sie bindet das Tau fest um die Truhe und taucht wieder auf.

Jetzt müssen sie die Schatztruhe nur noch an Bord hieven.
Das ist schwer!
Alle ziehen gemeinsam an dem starken Seil, das Lizzy
um die Schatztruhe geknotet hat.
Alle, bis auf den Kapitän.
Kaperkalle steht neben seiner Mannschaft und kommandiert:
„So, und jetzt ziehen alle zugleich! Hau ruck, hau ruck, hau ruck!"
Ächzend ziehen die Piraten den Schatz in die Höhe.
Wenn jetzt nur kein Hai kommt und das Seil durchbeißt!
Dann wäre alles umsonst.
Aber sie haben Glück. Das Seil hält.
Und bald schon steht die geheimnisvolle Kiste an Deck!
„Schön gemacht!", sagt der Käpt'n und klappt den Deckel der Truhe auf.

Alle Piraten drängen sich um die Kiste herum und starren hinein.
Wie das funkelt und glitzert!
Gold, Silber, Münzen, Ketten und Ringe. Und jede Menge Edelsteine, wie sie die Piraten noch nie gesehen haben.
Funkelnde rote Rubine, glitzernde Diamanten und leuchtend blaue Saphire.
„Ha, gut gemacht, Leute!", lobt Kapitän Kaperkalle. „Und jetzt schafft das Zeug in meine Kabine. Schließlich bin ich hier der Käpt'n, mir steht der Schatz zu."

Die Mannschaft sieht den Käpt'n erstaunt an.
„Na ja, jeder darf sich meinetwegen einen Edelstein nehmen.
Aber einen von den kleinen", brummt er ungeduldig.
„Moment mal, Käpt'n! Das kann ja wohl nicht sein! Wenn ich mit meinen scharfen Augen nicht die Flaschenpost entdeckt hätte, hätten wir den Schatz nicht gefunden. Also gehört der Schatz mir!", ruft der lange Hein.
„Es ist mein Schatz! Ohne mich hättet ihr die Geheimtinte gar nicht entdeckt!", ruft der kluge Malte.
„Meiner ist es auch, denn ich habe unser Schiff durch die gefährlichen Klippen gesteuert", erinnert John, der Steuermann.
„Wir wären nie an den Schatz gekommen, wenn ich die Haie nicht weggelockt hätte", sagt Jimmy Kanone.
„Nur durch das Loch, das ich ins Deck geschlagen habe, konnten wir den Schatz heben", erklärt die rote Hanne, die immer noch ein bisschen schnauft.
„Vergesst nicht, dass nur ich in die Kapitänskajüte tauchen konnte!", ruft die kleine Lizzy.
Alle Piraten schreien nun wild durcheinander, es fehlt nicht viel und ein wilder Streit bricht aus. Jeder denkt, dass er den Schatz am meisten verdient hat.

„Schuhe, äh, nein: Ruhe!", brüllt Kapitän Kaperkalle. „Ihr habt alle Recht. Aber wer soll denn nun den Schatz bekommen?"
Alle Piraten sind still und schauen sich an.

Dann sagt der kluge Malte: „Ich denke, dass jedem ein Teil vom Schatz zusteht. Nur gemeinsam konnten wir ihn heben. Jeder hat das, was er am besten konnte, dazu beigetragen. Dann wollen wir ihn auch gerecht teilen."
„So wird's gemacht", nickt Kapitän Kaperkalle erleichtert. „Ein guter Vorschlag, Malte! Und für einen Piraten, der so eine gute Idee hat, wie man gerecht teilt, habe ich hier die ‚Gerechtigkeits-Medaille'."

Und weil der kluge Malte den Vorschlag gemacht hat und weil er auch am besten zählen kann, darf er den Schatz in gerechte Häufchen verteilen.

„Lasst uns ein großes Fest feiern!", schlägt der Kapitän vor.
„Oh, ja. Prima, das machen wir!" und „Gute Idee!", jubeln die Piraten.

Und schon bald sitzen alle Piraten auf der Schatzinsel ums Feuer herum und schmausen und singen Piratenlieder.
„Schätze zu finden macht Spaß", seufzt die starke Hanne zufrieden.
„Aber der Streit um den Schatz, der war nicht schön. Gut, dass Malte auf die Idee gekommen ist, ihn gerecht zu teilen. Denn viel wichtiger, als den größten Teil vom Schatz zu besitzen, ist es doch, Freunde zu haben."

Und da stimmen alle der starken Hanne zu.

PIA EISENBARTH

wurde 1960 in Zweibrücken geboren. Nach ihrem Grafik-Design-Studium in Wiesbaden fing sie an, neben einer freien Mitarbeit im Zentralmuseum in Mainz, freiberuflich als Illustratorin zu arbeiten, und lebt heute in Schwabenheim bei Mainz.

JULIA VOLMERT

wurde 1965 in Warburg geboren. Sie studierte unter anderem Visuelle Kommunikation und hat schon viele Bücher für Kinder geschrieben, von denen einige auch schon in nicht europäische Sprachen übersetzt wurden.

Ein weiteres Bilderbuch der Autorinnen:

„Der kleine Ritter und der dumme Trotz"
Julia Volmert (Text), Pia Eisenbarth (Illustration)
ISBN 3-930299-91-7

Der kleine Ritter schleicht sich in den Wald, obwohl seine Mutter ihn vor den Trotz-Trollen gewarnt hat, die dort leben. Schon bald trifft er einen kleinen Trotz-Troll, doch der ist gar nicht so gefährlich. Die beiden freunden sich an und spielen miteinander. Der kleine Troll wäre sogar richtig nett, wenn er nicht immer wieder so dumme, trotzige Wutanfälle hätte. Aber zum Glück weiß die Trollmutter, wie man dem kleinen Troll mit einem Trotzgucker wieder zu guter Laune verhelfen kann. So kommt es, dass der kleine Ritter am Schluss einen Freund gefunden hat. Und zum Abschied bekommt er seinen eigenen Trotzgucker geschenkt, denn auch kleine Ritter sind manchmal furchtbar trotzig!

Albarello - Für Kinder die schönsten Bücher.
Weitere Bilderbuch-Hits zu starken Themen:

„WENN DU DICH VERLAUFEN HAST"
oder Wie man mit dem Wiederfindebären wieder zurückfindet
Julia Volmert (Text),
Susanne Szesny (Illustration)
mit Wiederfindebär und Wiederfindezetteln!
Originalausgabe
ISBN 3-930299-73-9

Jonas geht mit seiner Mutter einkaufen. Da sieht Jonas einen anderen kleinen Jungen, mit dem er gerne spielen möchte, und rennt von der Mutter weg. Doch der andere Junge läuft fort und als Jonas sich umschaut, kann er seine Mutter nirgends entdecken. Er hat sich verlaufen! Jonas irrt nun durch die Straßen, bis er auf eine Kindergartengruppe stößt, die ihn mit in den Kindergarten nimmt. Dort zeigt ihm ein Mädchen eine tolle Idee: den Wiederfindebären! Der Wiederfindebär ist ein kleines Täschchen, in dem ein ausgefüllter Adresszettel steckt. Den kann man zeigen, wenn man sich verlaufen hat. Außerdem ist in dem Täschchen auch noch Platz für ein wenig Geld für alle Fälle. Als schließlich die Erzieherinnen Jonas' Mutter verständigt haben und diese kommt, um ihn abzuholen, zeigt Jonas seiner Mutter voller Stolz seinen Wiederfindebären und Wiederfindezettel, denn nun weiß er genau, was er machen muss, wenn er einmal verloren geht.

„DIE KLEINEN STREITHAMMEL"
oder Wie man Streit vermeiden kann
Bärbel Spathelf (Text),
Susanne Szesny (Illustration)
Originalausgabe
mit Plüsch-Streithammel!
ISBN 3-930299-62-3

Philip und Katharina streiten sich. Doch plötzlich trauen die beiden ihren Augen nicht. Denn als sie so richtig wütend streiten, tauchen auf ihren Schultern zwei Streithammel auf, die versuchen den Streit noch anzufachen, indem sie den beiden Kindern gemeine Sachen ins Ohr vorsagen. Denn je größer der Streit ist, desto größer und mächtiger werden auch die Streithammel. Verträgt man sich allerdings, verlieren die Streithammel zunächst ihre spitzen Hörner und werden schließlich zu kleinen, friedlichen Lämmern. Aber wenn sie erst einmal da sind, wird man sie nur schwer wieder los ...
Doch schließlich haben Katharina, Philip und ihre Mutter eine tolle Idee: Damit die Streithammel erst gar nicht auftauchen, stellen sie eine Liste von Regeln zusammen, die Streit vermeiden helfen, sodass die Streithammel erst gar keine Chance mehr bekommen aufzutauchen und die Kinder ohne Streit miteinander spielen können.

„INDIANERKIND KLEINER ADLER"
oder Das ist zu gefährlich - das machen wir nicht
Christine Jüngling (Text),
Susanne Szesny (Illustration)
Originalausgabe
mit indianischem Brustbeutelchen!
ISBN 3-930299-93-3

Indianerkind Kleiner Adler möchte gerne zur Gruppe von Starker Büffel gehören. Doch Starker Büffel verlangt verschiedene Mutproben. Die ersten Prüfungen sind nicht allzu schwierig, wenn auch schon ein bisschen gefährlich. Doch dann will Starker Büffel, dass Kleiner Adler den überaus gefährlichen, wilden Fluss überquert, an dem die Kinder nicht spielen dürfen. Was soll er nun tun? Kleiner Adler vertraut sich dem weisen Medizinmann an. Der rät ihm auf seine innere Stimme zu horchen, um so zu erkennen, ob er die Mutprobe machen soll oder nicht, und gibt ihm als Hilfe einen kleinen Lederbeutel mit. Als der Tag der Mutprobe kommt, merkt Kleiner Adler, dass diese lebensgefährlich ist, und verweigert die Mutprobe. Und als dann noch Starker Büffel selbst in den gefährlichen Fluss stürzt, sieht auch er ein, dass Kleiner Adler Recht hatte, solch gefährliche Dinge nicht zu machen.

Originalausgabe

Neue Rechtschreibung
www.albarello.de
ISBN 3-86559-003-9